DEUTSCHE SAGEN

HAMBURGER LESEHEFTE VERLAG
HUSUM/NORDSEE

1. Die Unterirdischen in Eisendorf

Bei Eisendorf im Kirchspiel Nortorf liegt ein hoher Berg, der Lietberg heißt. Darin haben vor alten Zeiten die Unterirdischen gewohnt. Die kleinen Leute waren gar nicht böse, solange man sie nicht erzürnt hatte. Sie verliehen auch in den nächsten Dörfern Kupfer- und Zinnzeug aus, wenn da Hochzeit oder Taufe war. Da war es dann Brauch, den Unterirdischen ein Stück Fleisch oder eine Wurst hinzulegen; das war die Bezahlung für die geliehenen Sachen.

Einmal hatte ein Bauer in Ellerdorf einen großen, kupfernen Kessel von den Zwergen geliehen. Er schickte seinen Jungen damit hin, den Kessel bei den Zwergen wieder abzuliefern. Der aber aß unterwegs die Wurst auf und beschmutzte den Kessel. Als er ihn nun an den Berg setzte, kam da ein kleiner Zwerg heraus. Der ergriff den Jungen bei den Ohren und drehte ihm den Kopf um. So kam der Junge zurück ins Dorf. Von der Zeit an haben die Unterirdischen nichts wieder verliehen.

Es dauerte nicht lange, da wurde in Nortorf eine Kapelle gebaut. Da zogen die Unterirdischen weg über das Feld und sangen:

Evangeeln, Klocken un Klangen,
dat verdrefft uns uten Lannden.
(Evangelium, Glocken und Läuten,
das vertreibt uns aus dem Lande.)

(Schleswig-Holstein)

2. Der Tisch der Unterirdischen

Auf einem Berge in der Nähe von Kiel lag ein besonderer Segen. Wenn der Bauer gepflügt hatte und nun zu Mittag essen wollte, brauchte er nicht nach Hause zu gehen; denn um diese Stunde stand da ein Tisch vor ihm, gedeckt mit den besten Speisen und allem Essgerät wie

Messer, Gabel und Löffel. Das kam alles von den Unterirdischen.

Lange Zeit ging es gut und viele Leute haben von dem Tische gegessen. Aber einst war ein Junge mit beim Essen. Er wollte die unsichtbaren Wirte necken und nahm beim Aufstehen eine Gabel mit.

Niemand hatte es bemerkt. Aber als am andern Tag der Tisch wegblieb, mussten die Bauern nach Hause gehen. Da aber war nicht gekocht worden. Da erschrak der Junge und sagte, was er getan hatte. Die Leute aber befahlen ihm, die Gabel wieder zurückzubringen. Das tat er auch. Als er nun aufs Feld kam, stieg der Tisch vor ihm auf mit allem Gerät. Es fehlte nur die Gabel. Der Junge legte sie an ihren Platz und sogleich versank der Tisch. Niemand hat ihn wieder gesehen. Seitdem müssen die Bauern, wenn sie auf dem Felde arbeiten, sich das Essen bringen lassen.

(Schleswig-Holstein)

3. Zwerge in der Mühle

In einer Mühle bei Grund im Harz kam jede Nacht das ganze Zwergvolk aus dem Hubichenstein, um da zu speisen, und der Müller musste jeden Abend mit seiner Familie ausziehen. Da bat einmal ein alter Soldat um Nachtherberge; der fürchtete sich nicht vor den Zwergen und blieb des Nachts in der Mühle. Um zwölf kamen die Zwerge mit ihrem König und setzten sich zum Mahle. Da rief einer: „Hier riecht's nach Tabak!“ Die Zwerge fielen sogleich über den Soldaten her, doch der schlug mit seinem Knotenstock wacker zu. Da stiftete der König Hubich Frieden und lud den Soldaten zum Essen ein. Das ließ sich der nicht zweimal sagen.

Als die Uhr eins schlug, war alles verschwunden bis auf einen goldenen und drei silberne Becher. Die hat der Soldat behalten. Drei verkaufte er für ein gut Stück Geld. Einen nahm er zu seinem Gebrauch. Darin war jedes Mal der schönste Wein, wenn er den Becher an den Mund setzte. Der Soldat blieb in der Mühle und die Zwerge haben noch viele Jahre ihre Mahlzeit da gehalten. (Harz)

4. Weiße und schwarze Erdmännle

In Ebhausen, zwischen Nagold und Altensteig, gab es früher Erdmännle, die sahen schneeweiß aus. Sie arbeiteten in der Nacht für die Menschen, mahlten das Korn, backten das Brot, fütterten das Vieh und dergleichen. In Nagold hat man diese kleinen Leute „Zwergle“ genannt und erzählt, dass sie teils die Menschen sehr quälten, teils im Haus wie auf dem Feld jede Arbeit für sie verrichteten.

Zum Lammwirt in Neubulach kamen bei Nacht immer zwei Erdmännle oder Bergmännle und backten ihm das Brot. Er brauchte abends nur das Mehl hinzustellen, so war am andern Morgen das Brot fertig. Einmal belauschte er sie bei ihrer Arbeit und sah, dass sie ganz nackt waren und große Augen hatten. Ihre Hautfarbe war schwarz wie die eines Mohren. Dem Lammwirt tat dies leid, dass sie so nackt waren, und er ließ zwei Kleider für die Erdmännle machen und legte sie ihnen auf die Backmulde. Am folgenden Morgen waren die Kleider zwar fort, aber die Erdmännle auch und sie kamen nie wieder. Er hatte sie ausgezahlt, was sie nicht leiden konnten; denn sie wollten ihre Dienste umsonst tun. (Schwarzwald)

5. Die Kornähre

Einmal, als ein Bauer in der Gegend von Wolfshagen sein Korn einfuhr, sah er, wie einer von den guten Hollen eifrig mithelfen wollte, aber er trug nur Ähre um Ähre zur Scheune und keuchte dabei doch unter der Last. Da machte sich der Bauer über ihn lustig und zeigte auf seine

Knechte, die ganze Garben auf ihre Schultern luden. Darauf sagte der Kleine: „Das hättest du denken, aber nicht sagen sollen!“ Und von nun an stahl er ihm Ähre um Ähre aus der Scheuer und machte den Mann arm. (Hessen)

6. *Die Jahresabrechnung der Berggeister*

Auf einer Lehne am Reißeck in den Hohen Tauern liegt die Trippalm. Da saß einmal am Heiligen Abend der Hirt in seiner schönen, aus Holz gezimmerten Almhütte. Darin war auch eine geräumige Stube. Heute tat er seine Arbeit besonders flink ab; er freute sich schon auf den guten Weihnachtsbraten beim Bauern drunten im Dorf. Da kommt auf einmal ein kleines Männlein hereingehinkt in grauem Lodenkleid, auf dem Kopf einen schwarzen, breitkrempigen Hut mit roter Hahnenfeder. Der Hirt wusste gleich, es war der „krumme Reißecker“, einer von der Sippschaft der zwölf Berggeister. Er fragte ganz freundlich, ob ihm der Hirt für diese Nacht die große Stube vermieten wolle; es solle sein Schaden nicht sein. Der Senne war's zufrieden, machte seine Arbeit fertig und legte sich ins Bett. In der Nacht kamen sämtliche zwölf Berggeister und setzten sich um den großen Tisch in der Stube. Es gab ein langes Hin- und Herrechnen, bis sie endlich fertig waren und mit lautem Geschrei fortgingen.

Der Hirt wachte auf und machte sich schleunigst an die Arbeit. Was hatte bloß das Vieh? Es schrie ja aus Leibeskräften nach Futter und die Euter der Kühe waren steinhart. Als er in die Stube kam, wo die Geister abgerechnet hatten, lag da für ihn ein Haufen Geld. Da versorgte er sein Vieh mit Futter für den ganzen Tag und lief talabwärts ins Dorf. Da merkte er erst, dass inzwischen drei Tage verstrichen waren und er den Weihnachtsbraten verschlafen hatte. Aber er grämte sich nicht darüber, da bei dem Jahresabschluss der Berggeister ein so reichliches Geschenk für ihn abgefallen war. (Alpenland)

7. Die Zwergenkuh

Etwa eine halbe Stunde von dem Dorfe Goldbeck, in der Richtung nach Rinteln zu, befinden sich Höhlen an einem Berge; in denen haben ehemals Zwerge gewohnt. Nun lag in der Nähe der Hof eines Bauern, dessen Herde gewöhnlich in der Nähe der Höhlen weidete, und da sah der Hirt, wie alle Morgen eine fremde Kuh unter seine Tiere kam, die war so glatt und schön, dass sie wie Gold glitzerte und glänzte; abends aber, wenn er heimtrieb, war sie bei den Höhlen plötzlich verschwunden.

Das erzählte er einmal abends seinem Herrn und der sagte: „Dafür könnten sie dir wohl ein Trinkgeld geben, dass du ihnen täglich ihre Kuh mit auf die Weide treibst." Das hörten die Zwerge, die hielten sich unsichtbar gern in der Stube des Bauern auf. Und am andern Morgen, als der Hirt mit seiner Herde wieder bei den Zwerglöchern vorübertrieb, fand er vor einer der Höhlen einen Groschen, und so ging's nun fort einen Tag wie alle Tage. Als das der Bauer wieder hörte, sagte er: „Können sie das, so können sie dir auch wohl ein Frühstück geben", und am andern Morgen, als der Hirt wieder an der Höhle vorüberkommt, liegt neben dem Groschen ein Pfannkuchen und solchen fand er nun ebenfalls täglich dort. (Westfalen)

8. Der Klabautermann

Einst war ein Steuermann aus Ostfriesland an Bord eines englischen Schiffes, welches im Hafen von Stockholm vor Anker lag. Abends ging er auf das Verdeck, um ein wenig frische Luft zu genießen. Da sah er am Ende des Schiffes ein kleines, rotes Männchen und ein Gleiches auf dem Schiff, das daneben lag. Er merkte wohl, dass es Klabautermännchen waren, und er betrachtete sie neugierig. Da begannen die beiden ein Gespräch. „Gehst du mit in See?", fragte der auf dem andern Schiffe. „Nein", antwortete der auf dem Schiff des Steuermanns, „ich bleibe. Im Kanal geht das Schiff unter.“

„Halt!“, dachte da der Steuermann, „wenn’s so steht, gehst du auch nicht mit.“ Am andern Morgen erzählte er dem Kapitän, was er erlebt hatte. Dieser aber und die ganze Mannschaft lachten ihn aus. Der Steuermann ließ sich jedoch nicht irre machen. Er nahm seinen Abschied von dem Schiffe und ging auf ein anderes.

Als er seine Reise beendet hatte und an seinem Bestimmungsort ankam, erhielt er auch schon die Nachricht, dass sein früheres Schiff mit Mann und Maus im Kanal untergegangen sei. (Ostfriesland)

9. Der heilige Stein im Haff

In uralten Zeiten bewohnten zwei Brüder, gewaltige Riesen, die Ufer des Haffes bei Tolkeneit und Kahlberg. Zum Fällen des Holzes hatten beide nur eine Axt, die sie sich gegenseitig über das Haff zuwarfen, sobald sie der andere brauchte. Einmal entstand ein Streit darüber, wem die Axt gehörte. Der Bruder auf der Nehrung wollte sie nicht herausgeben. Da ergriff der Riese, der in der sogenannten Wiek – einem Walde zwischen Tolkeneit und Louisental – wohnte, in seinem Grimm einen mächtigen Stein, um seinen Bruder damit zu töten. Indem er warf, glitt die Hand fort und der Stein fiel ins Haff, wo er noch heute liegt. Es ist ein Granit, der 10–12 Fuß über die Oberfläche des Wassers ragt und noch deutlich den Griff einer mächtigen Hand zeigt. Die Schiffer, denen er sehr gefährlich war, nannten ihn den heiligen Stein. (Ostpreußen)

10. Das Riesenspielzeug

Im Elsass auf der Burg Nideck, die an einem hohen Berg bei einem Wasserfall liegt, waren die Ritter vorzeiten große Riesen. Einmal ging das Riesenfräulein herab ins Tal, wollte sehen, wie es da unten wäre, und kam bis fast nach Haslach auf ein vor dem Wald gelegenes Ackerfeld, das gerade von den Bauern bestellt ward. Es blieb vor Verwunderung stehen und schaute den Pflug, die Pferde und Leute an, das ihr alles etwas Neues war. „Ei", sprach sie und ging herzu, „das nehm ich mir mit." Da kniete sie nieder zur Erde, spreitete ihre Schürze aus, strich mit der Hand über das Feld, fing alles zusammen und tat's hinein. Nun lief sie ganz vergnügt nach Haus, den Felsen hinaufspringend; wo der Berg so jäh ist, dass ein Mensch mühsam klettern muss, da tat sie einen Schritt und war droben.

Der Ritter saß gerad am Tisch, als sie eintrat. „Ei, mein Kind", sprach er, „was bringst du da, die Freude schaut dir ja aus den Augen heraus." Sie machte geschwind ihre Schürze auf und ließ ihn hineinblicken. „Was hast du so Zappeliges darin?" „Ei Vater, gar zu artiges Spielding! So was Schönes hab ich mein Lebtag noch nicht gehabt." Darauf nahm sie eins nach dem andern heraus und stellte es auf den Tisch: den Pflug, die Bauern mit ihren Pferden; lief herum, schaute es an, lachte und schlug vor Freude in die Hände, wie sich das kleine Wesen darauf hin und her bewegte. Der Vater aber sprach: „Kind, das ist kein Spielzeug, da hast du was Schönes angestiftet! Geh nur gleich und trag's wieder hinab ins Tal." Das Fräulein weinte, es half aber nichts. „Mir ist der Bauer kein Spielzeug", sagt der Ritter ernsthaftig, „ich leid's nicht, dass du mir murrst; kram alles sachte wieder ein und trag's an den nämlichen Platz, wo du's genommen hast. Baut der Bauer nicht sein Ackerfeld, so haben wir Riesen auf unserem Felsennest nichts zu leben."

(Elsass)

11. Der Riese Möwes

Ein großer Riese namens Möwes wohnte in der Gegend, wo jetzt Travemünde liegt. Der warf so viele Steine ins Wasser, dass der Sand aufgedämmt ward über der Plate (dem Eingang zur Trave), und so ist der Priwall entstanden. Ein großer Stein liegt heute noch da, der nach ihm Möwenstein heißt. (Schleswig-Holstein)

12. Die Rosstrappe

Vor tausend und mehr Jahren war das Land rings um den Harz von Riesen bewohnt. Sie übten Raub, Mord und Gewalttat. Sechzigjährige Eichen rissen sie samt den Wurzeln aus und fochten damit. Was sich ihnen entgegenstellte, wurde niedergeschlagen.

In dem Boheimer Walde hauste damals ein Riese, Bodo genannt. Alles war ihm untertan. Nur Emma, die Königstochter vom Riesengebirge, konnte er nicht bezwingen. Stärke und List halfen ihm nichts. Einst aber sah Bodo sie auf der Schneekoppe jagen. Er sattelte sogleich seinen Zelter, der meilenweit Fluren im Augenblick übersprang. Er schwur, Emma zu fangen oder zu sterben. Fast hätte er sie erreicht, als sie ihn erkannte. Da schwenkte sie schnell das Ross, gab ihm die Sporen und dann flog es über Berge, Klippen und Wälder bis in das Harzgebirge. Oft hörte sie hinter sich das Ross des Riesen schnauben. Sie aber jagte auf dem nimmermüden Zelter weiter. Dann aber verschnaufte das Ross auf dem furchtbaren Fels, der Hexentanzplatz heißt. Voll Angst blickte sie in die Tiefe. Mehr als tausend Fuß ging die Felsenmauer senkrecht in die Tiefe, wo die Bode rauschte. Als sie Bodos Ross wieder schnauben hörte, gab sie ihrem Zelter die Sporen. Es sprang über den Abgrund auf die spitze Klippe, wo es den Huf vier Fuß tief in das Gestein einschlug. Diese Stelle ist noch zu sehen; kein Regen kann sie verwischen. Sie heißt die Rosstrappe. (Harz)

13. Frau Hütt

In uralten Zeiten lebte im Tiroler Land eine mächtige Riesenkönigin, Frau Hütt genannt. Die wohnte auf den Gebirgen über Innsbruck, die jetzt grau und kahl sind, aber damals voll Wälder, reicher Äcker und grüner Wiesen waren.

Einmal kam ihr kleiner Sohn heim und weinte und jammerte. Schlamm bedeckte ihm Gesicht und Hände, dazu sah sein Kleid schwarz aus wie ein Köhlerkittel. Er hatte sich eine Tanne zum Steckenpferd abknicken wollen; weil der Baum aber am Rande eines Morastes stand, so war das Erdreich unter ihm gewichen und er bis zum Haupt in den Moder gesunken; doch hatte er sich noch glücklich herausgeholfen. Frau Hütt tröstete ihn, versprach ihm ein neues, schönes Röcklein und rief einen Diener, der sollte weiche Brosamen nehmen und ihm damit Gesicht und Hände reinigen.

Kaum aber hatte dieser angefangen, mit der heiligen Gottesgabe so sündig umzugehen, so zog ein schweres, schwarzes Gewitter daher, das den Himmel ganz zudeckte, und ein entsetzlicher Donner schlug ein. Als es sich wieder aufgehellt hatte, da waren die reichen Kornäcker, grünen Wiesen und Wälder und die Wohnung der Frau Hütt verschwunden und überall war nur eine Wüste mit zerstreuten Steinen, wo kein Grashalm mehr wachsen konnte. In der Mitte aber stand Frau Hütt, die Riesenkönigin, versteinert und wird so stehen bis zum Jüngsten Tag. (Tirol)

14. Der Riese als Knecht

Einer von den Söhnen des Hünen auf dem Haldemer Berge diente bei dem Herrn von der Horst zu Haldem. Seine erste Arbeit war Misten. Als er aber die Forke in die Hand bekam, sprach er: „Das ist ja eine Gabel, womit man die großen Bohnen isst.“ Er ging also zur Schmiede und ließ sich eine größere Forke machen. Da war denn jeder Stall voll auch eine Forke voll. Das gefiel dem Herrn. Da musste der Riese auch pflügen. Er schob aber den Pflug mit der Hand, immer den Pferden auf die Hacken. Der Herr sprach: „Das ist nicht nötig, die Pferde sind darum vorgespannt, dass sie ziehen sollen.“ Der Riese erwiderte: „Die Pferde sind nur zum Staate da, sonst kann man den Pflug mit einer Hand gut schieben.“ Das gefiel dem Herrn alles sehr wohl.

Als es aber an die Mahlzeit ging, da verdross es den Herrn bald, denn der Riese aß nicht für zwei, drei, vier, sondern für die ganze Haushaltung. Da wollte der Herr ihn wieder los sein und sprach zu seinen Knechten: „Morgen früh sollt ihr Holz vom Berge holen, ein jeder seine bestimmten Stämme, und wer von euch der Letzte auf dem Platze ist, der soll fort.“

Der Riese war ziemlich schläfrig und da dachten die andern, ihn im Schlaf zu betrügen. Sie fuhren schon früh am Morgen aus. Einige Stunden später erwachte der Riese und sah, dass die andern Knechte schon fort waren. Er aber entschloss sich schnell, spannte in Eile die Pferde an und jagte den andern nach. Als er am Berge ankam, da hatten die ihr Holz schon gehauen und luden es auf. Der Riese aber griff die Bäume an, riss sie aus und warf sie auf den Wagen mit Wurzel und Erde. Da war er der Erste, der sein Fuder voll hatte, und als er vom Berge kam, konnten es die Pferde nicht ziehen. Da freuten sich die andern und wollten an ihm vorbeijagen. Er aber entschloss sich kurz, band die Pferde an den Füßen zusammen und hing sie quer über den Wagen, steckte den kleinen Finger ins Deichselloch und fuhr so schnell damit weg. Als er aber vor den Hof kam, konnte das Tor den Wagen nicht fassen. Da drängte er ihn hinein und brachte das ganze Tor mit auf den Platz.

Jetzt war der Herr wieder verlegen, was er nun mit ihm anfangen sollte. Da wollte er in der Güte mit dem Riesen handeln, damit er aus seinem Dienst gehen solle. Der Riese sprach: „Ich will dir einen Schlag geben; wenn du den aushalten kannst, dann will ich gehen.“ Da kam dem Herrn das Beben. Doch dachte er: „Du wirst ihn sonst nicht los“, und ging darauf ein. Da gab ihm der Riese einen Schlag auf den Hintern, dass er über das Haus hin flog. Der Wind aber hielt ihn in seinem Mantel, sodass er langsam herunterkam, ohne Schaden zu nehmen. So wurde er des Riesen ledig. (Westfalen)

15. Der Riese Heim lässt Schloss Reußenstein bauen

In einer Höhle des Heimensteins im Neidlinger Tal lebte der Riese Heim. Einst rief er in das Tal hinab, dass alle Leute es hören konnten, wer Lust habe und arbeiten wolle, der möge zu ihm kommen und ihm ein Schloss bauen. Da kamen aus dem ganzen Tal Maurer, Zimmerleute und Schlosser und machten sich an die Arbeit. Als das Schloss fertig war, besichtigte es der Riese und fand so weit alles recht und gut. Doch entdeckte er, dass ganz oben an einem Fenster noch ein Nagel fehlte. Darauf erklärte er, dass keiner eher seinen Lohn bekäme, als bis dieser Nagel eingeschlagen sei. Der aber, welcher das Wagnis unternehme, würde noch einen ganz besonderen Lohn erhalten. Manche der Handwerker hätten sich gern diesen besonderen Lohn verdient, doch wenn sie auf die schwindelnde Höhe hinaufgeklettert waren und in den tiefen Abgrund sahen, verging ihnen der Mut. Ein junger Schlossergeselle aber wollte es denn doch wagen. Er liebte die Tochter seines wohlhabenden Meisters; aber weil er arm war, wollte der Meister ihm seine Tochter nicht zur Frau geben. Der Gesell war darüber sterbensunglücklich und er dachte sich: Versuche halt den Nagel einzuschlagen. Vielleicht gelingt es dir. „Wenn aber nicht, so ist es ohnehin gleich, ob ich an meinem Herzeleid zugrunde gehe oder dort oben abstürze.“

So meldete sich der Schlossergeselle bei dem Riesen

Heim zu dieser gefährlichen Arbeit. Der Riese freute sich sehr über den Wagemut des jungen Mannes, und um ihm zu helfen, ergriff der Riese den Schlosser und hielt diesen mit der Hand frei zum Fenster hinaus, bis der Nagel richtig eingeschlagen war. Und der versprochene Lohn war dann so reichlich, dass der alte Meister seine Tochter nun gern dem kühnen Gesellen zur Frau gab. (Schwaben)

16. Der Riese auf dem Elmskopf

Zwei mächtige Riesen wohnten einst auf dem Elmskopf bei Gellershausen im Waldeckschen. Sie waren gefürchtet in der ganzen Edergegend. Wenn sie in ihren Höhlen lagen und schnarchten, glaubten die Leute, es wäre irgendwo hinter den Bergen ein Gewitter. Und allemal, wenn einer der Riesen nieste, erbebten die Berge und die Menschen liefen ängstlich in ihre Häuser.

Einmal besuchten die Riesen ein paar Freunde im Hessenland. Lange Zeit mussten sie über Berg und Tal wandern. Bei ihrer Rückkehr kamen sie über die Berge bei Hemfurth. Da sagte plötzlich der eine, als sie schon beinahe wieder zu Hause waren: „Bruder, lass uns einen Augenblick rasten. Ich glaube, mir sind beim Wandern ein paar Steinchen in die Schuhe gekommen.“ Sie setzten sich hin und der Riese zog seinen Schuh aus, schüttelte ihn aus und dann zogen sie wieder zu ihrer Höhle auf dem Elmskopf. Die Steine aber, die sich der Riese damals aus den Schuhen geschüttelt hatte, kann man heute noch liegen sehen, wenn man von Affoldern nach Hemfurth wandert. (Hessen)

17. Der wilde Jäger Wode in der Schweriner Gegend

Einst kam ein Bauer in der Nacht von Schwerin. Sein Weg führte ihn durch den Wald. Da hörte er die Wilde Jagd, das Getümmel der Hunde und den Ruf des Jägers: „Midden in den Weg! Midden in den Weg!“ Allein er achtete nicht darauf.

Plötzlich stürzte aus den Wolken ein langer Mann, der auf einem Schimmel ritt. „Hast Kräfte?“, sprach er. „Wir wollen uns beide versuchen. Hier ist eine Kette. Fass an! Wer kann am stärksten ziehen?“ Der Bauer fasste beherzt die schwere Kette. Der Wode versuchte nun, sich in die Luft zu erheben. Allein der Bauersmann schlang die Kette um eine Eiche, sodass der Jäger vergeblich zerrte.

„Hast gewiss das Ende um die Eiche geschlungen!“, rief der Wode. „Nein“, versetzte der Bauer, „sieh, so halte ich sie in meinen Händen.“ „Nun, so bist du mein in den Wolken!“, schrie der Jäger und schwang sich empor. Doch der Bauer schlang die Kette wieder um die Eiche und es gelang dem Wode sein Vorhaben nicht.

„Hast doch die Kette um den Baum geschlagen!“, sprach der niederstürzende Böse. „Nein“, erwiderte der Bauer, der sie eiligst losgewickelt hatte. „Sieh, so halte ich sie in meinen Händen!“

„Und wärest du schwerer als Blei“, sagte der Wilde Jäger, „so musst du hinauf zu mir in die Wolken!“

Blitzschnell ritt er aufwärts. Aber der Bauer half sich auf die alte Weise. Die Hunde bellten, die Wagen rollten, die Rosse wieherten dort oben, die Eiche krachte und schien sich seitwärts zu drehen. Dem Bauer ward bange. Aber die Eiche stand.

„Hast brav gezogen“, rief der Wode. „Mein wurden schon viele Männer, aber du bist der Erste, der mir widerstand. Ich werde dich belohnen.“

Laut ging die Jagd an: „Holla, holla! Wohl! Wohl!“ Der Bauer schlich seines Weges weiter. Da stürzte aus riesigen Höhen ein Hirsch ächzend hernieder. Auf einmal war auch der Wode wieder da, sprang vom weißen Rosse und zerlegte eiligst das Wild.

„Blut sollst du haben“, sprach er zum Bauern, „und ein Hinterteil dazu.“

„Herr“, rief der Bauer, „dein Knecht hat nicht Eimer noch Topf.“

„Dann zieh deinen Stiefel aus!“, sprach der Wode. Der Bauer tat’s und der Jäger goss Blut hinein und sagte: „Nun wandre mit Blut und Fleisch zu Weib und Kind!“

Die Angst erleichterte dem Bauer anfangs die Last. Allmählich wurde sie schwerer und schwerer, sodass er sie kaum zu tragen vermochte. Mit krummem Rücken, vom Schweiße triefend, erreichte er endlich seine Hütte. Und siehe da, der Inhalt des Stiefels war lauter Gold und das Hinterteil des Hirsches ein Beutel voll Silbergeld. (Mecklenburg)

18. Das brave Mütterchen

Es war im Winter und das Eis stand. Da beschlossen die Husumer, ein großes Fest zu feiern. Sie schlugen Zelte auf, und Alt und Jung, die ganze Stadt, versammelte sich draußen. Die einen liefen Schlittschuh, die andern fuhren in Schlitten, und in den Zelten erscholl Musik und Tänzer und Tänzerinnen schwenkten sich herum und die Alten saßen an den Tischen und tranken eins. So verging der ganze Tag und der helle Mond ging auf. Aber der Jubel schien nun erst recht anzufangen. Nur ein altes Mütterchen war von allen Leuten in der Stadt geblieben. Sie war krank und gebrechlich und konnte ihre Füße nicht mehr gebrauchen. Aber da ihr Häuschen auf dem Deiche stand, konnte sie von ihrem Bette aus aufs Eis hinaussehen und die Freude betrachten. Wie es nun gegen Abend kam, gewahrte sie, indem sie so auf die See hinaussah, im Westen ein kleines, weißes Wölkchen, das eben an der Kimmung aufstieg. Gleich befiel sie eine unendliche Angst. Sie war in früheren Tagen mit ihrem Manne zur See gewesen und verstand sich wohl auf Wind und Wetter. Sie rechnete nach: In einer kleinen Stunde wird die Flut da sein und wenn dann der Sturm losbricht, sind alle verloren.

Da rief und jammerte sie so laut, als sie konnte; aber niemand war in ihrem Hause und die Nachbarn waren alle auf dem Eise; niemand hörte sie. Immer größer ward unterdes die Wolke und allmählich immer schwärzer. Noch einige Minuten und die Flut muss da sein, der Sturm losbrechen. Da rafft sie all ihr bisschen Kraft zusammen und kriecht auf Händen und Füßen aus dem Bette zum Ofen. Glücklich findet sie noch einen Brand, schleudert ihn in das Stroh ihres Bettes und eilt, so schnell sie kann, hinaus, sich in Sicherheit zu bringen.

Da stand das Häuschen augenblicklich in hellen Flammen und wie der Feuerschein vom Eise aus gesehen ward, stürzte alles in wilder Hast dem Strande zu. Schon sprang der Wind auf und fegte den Staub auf dem Eise vor ihnen her. Der Himmel ward dunkel und bald fing das Eis an zu knarren und zu schwanken. Der Wind wuchs zum Sturm und als eben die Letzten den Fuß aufs feste Land setzten, brach die Decke und die Flut wogte an den Strand.

So rettete die arme Frau die ganze Stadt und gab ihr Hab und Gut daran zu deren Heil und Rettung.

(Schleswig-Holstein)

19. Das Licht der treuen Schwester

An dem Ufer einer Hallig wohnte einsam in einer Hütte eine Jungfrau. Vater und Mutter waren gestorben und der Bruder war fern auf der See. Mit Sehnsucht im Herzen gedachte sie der Toten und des Abwesenden und harrte seiner Wiederkehr. Als der Bruder Abschied nahm, hatte sie ihm versprochen, allnächtlich ihre Lampe ans Fenster zu setzen, damit, wenn er heimkehre, das Licht ihm weithin über die See entgegenschimmere und ihm sage, dass seine Schwester Elke noch lebe und seiner warte. Was sie versprochen, das hielt sie. An jedem Abend stellte sie die Lampe ans Fenster und schaute Tag und Nacht auf die See hinaus, ob nicht der Bruder käme.

Es vergingen Monde, es vergingen Jahre und noch immer kam der Bruder nicht. Elke ward zur Greisin. Und immer saß sie noch am Fenster und schaute hinaus, und an jedem Abend stellte sie die Lampe aus und wartete.

Endlich war es einmal bei ihr dunkel und das gewohnte Licht erloschen. Da riefen die Nachbarn einander zu: „Der Bruder ist gekommen“, und eilten ins Haus der Schwester. Da saß sie da, tot und starr ans Fenster gelehnt, als wenn sie noch hinausblickte, und neben ihr stand die erloschene Lampe. (Schleswig-Holstein)

20. Die halb gefüllte Flasche

Als die Schweden einmal hier im Lande waren und die Unsrigen gerade eine Schlacht gewonnen hatten, bekam ein gemeiner Soldat einen Wachposten auf dem Schlachtfeld. Mit Mühe hatte er für seinen brennenden Durst nur eine Flasche Bier erhalten. Eben als er sie an seinen Mund setzte, hörte er neben sich die Stimme eines Schweden, dem beide Beine abgeschossen waren und der flehentlich um einen Labetrunk bat.

Mitleidig ging der Soldat zu ihm und beugte sich über den Verwundeten, um ihm die Flasche zu reichen. Aber der tückische Schwede ergriff seine Pistole und feuerte sie auf seinen Wohltäter ab in der Hoffnung, sich noch zu rächen und zugleich in den Besitz der ganzen Flasche zu kommen. Doch glücklicherweise ging der Schuss fehl. Ruhig griff der Soldat nach seiner Flasche, trank sie halb aus und reichte sie dann dem Sterbenden: „Da, du Schlingel! Nun kriegst du sie nur halb!“

Als der König dies erfuhr, ließ er den Soldaten kommen und gab ihm ein Wappen, darin eine halb gefüllte Flasche stand. Des Soldaten Urenkel wohnen noch in Flensburg und führen noch heute dieses Zeichen. (Schleswig-Holstein)

21. Der arme Spielmann

Es war ein alter Spielmann in Mainz, für den waren die guten Tage vorbei; niemand wollte ihn mehr hören, wenn er die Geige strich. Zuletzt irrte er ohne Obdach und hungernd umher. Wie er so den Rhein entlangging, kam er an einer kleinen Kirche vorbei. Er trat in die Türe und sah auf dem Altar das Bild einer Heiligen; das war reich geschmückt. Ihm war, als säh es ihn freundlich an. Er ging hin zu der heiligen Frau, sank vor ihr nieder und weinte sich einmal aus. Dann nahm er seine Geige und spielte und sang das Beste, was er konnte. Und als das Lied zu Ende war und er weiterziehen wollte, da warf ihm das Bild zum Dank einen goldenen Schuh herab. Der Alte hob ihn auf, küsste ihn, sagte tausendmal Dank und lief dann, so schnell er konnte, zur Stadt, sich Brot zu kaufen. Aber da wurde er angehalten, woher er den goldenen Schuh hätte. Niemand glaubte ihm, was er da erzählte. Die Häscher kamen und schleppten ihn als einen Kirchendieb vors Gericht und er wurde zum Galgen verurteilt.

Als er zum Hochgericht geführt wurde, kamen sie mit ihm wieder an der Kirche vorbei. Da blieb er stehen, trat vor die heilige Frau und rief sie um Hilfe an. Und er nahm noch einmal seine Geige und sang und spielte dem Bilde ein Lied. Wie er dann aber gehen wollte, warf ihm die Heilige auch den zweiten Schuh herab. Da wurde die Unschuld des Spielmanns offenbar vor allem Volk. (Mainz)

22. Der Mann im Mond

Bei Vollmond kann man dunkle Flecken sehen. Das ist ein Mann, der in den Mond verwünscht worden ist. Er hatte an einem Sonntag im Wald Besenreiser gestohlen und auf dem Rücken heimgetragen. Da begegnete ihm aber im Wald ein Mann und das war der liebe Gott. Der stellte den Mann zur Rede, dass er den Sonntag nicht heilige, und sagte zu ihm:

„Ich muss dich dafür bestrafen. Du darfst dir die Strafe aber selbst auswählen. Willst du in den Mond oder in die Sonne verwünscht werden?“

Darauf sagte der Mann: „Wenn es denn sein muss, so will ich lieber im Mond erfrieren als in der Sonne verbrennen.“

(Schwaben)

23. Der letzte Groschen

In der Mark Brandenburg kam, als im Lande Teuerung herrschte, ein armer Bauer zu einer Edelfrau und klagte über seine große Not. Er habe eine kranke Frau und viele kleine Kinder und für sie alle nichts zu essen. Die Edelfrau möge ihm doch einen Scheffel Korn vorstrecken. Sie aber schlug die Bitte ab; sie könne nur gegen Bezahlung das Korn geben.

Der Mann ging fort und bettelte und suchte das Geld zu leihen, und er brachte es mit großer Not zusammen. Doch fehlte ihm ein Groschen. Wieder ging er zur Edelfrau und zählte ihr das Geld vor. „Aber da fehlt ja noch ein Groschen!“, sagte sie hart. Der arme Mann flehte sie an, aber sie wollte ohne den fehlenden Groschen kein Korn geben.

Weinend ging der Arme fort und endlich gelang es ihm, auch den letzten Groschen zu leihen. Damit ging er nun wieder zur Edelfrau und legte ihn ihr in die Hand. Dabei fiel das Geld hin. Sie bückte sich danach, doch da verwandelte sich das Geldstück in eine große Schlange. Die biss die Frau und sie war nach drei Tagen tot. (Brandenburg)

24. Das steinerne Brot

Im Dreißigjährigen Kriege wurde das Brot so rar, dass selbst der reichste Bauer in Alflen seinen Ältesten ins Martertal zum Kloster schickte, bei den Brüdern dort etwas gegen den ärgsten Hunger zu erbetteln. Der Junge bekam auch einen ganzen großen Laib und ging vergnügt damit heim. Als er an die Endertbrücke kam, saß da ein Weib mit einem kleinen Kinde, so matt vor Hunger, dass sie nicht mehr bis zum Kloster hinaufkonnte, und flehte ihn um ein Stück Brot an. Aber er ging weiter und sagte, er hätte überhaupt kein Brot, er hätte bloß eine Wacke geholt zum Beschweren für das Kraut, das sie zu Hause eingeschnitten hätten. Um nicht noch einmal angebettelt zu werden, ging er von der Straße herunter querfeldein nach Hause.

Als aber der Vater dann das Brot anschneiden wollte und die hungrigen Geschwister sich schon freuten, da wollte das Messer nicht in das Brot gehen; das war zu Stein geworden. Da erschrak der Bursche; ihm fiel ein, was er der armen Frau vorgelogen hatte. Und als er 's dem Vater sagte, schickte ihn der sofort zurück nach der Brücke. Er fand auch die Mutter mit dem Kleinen noch, aber sie waren tot. Da ging er zum Kloster hinauf, beichtete seine Sünde und bat, sie möchten ihn aufnehmen für immer; er wolle auch die härteste und niedrigste Arbeit tun. Nach einigen Tagen durfte er auch ins Kloster kommen und er brachte das steinerne Brot mit. Der Prior ließ es in der Kirche aufbewahren, sodass alle Leute, die dahin kamen, es sehen konnten. Als später die Kirche zerfiel, ist es mit verschüttet.

(Rheinland)

25. Der Milchsuppenacker

Der Milchsuppenacker bei Mühlhausen im Elsass war eine große Heide und das einzige Besitztum einer alten Frau, die sich von seinem spärlichen Ertrage während vieler Jahre kümmerlich ernährte. Da brachen Fehljahre herein, die eine große Teuerung aller Lebensmittel herbeiführten. Die alte Frau, die längst nichts mehr zu ernten hatte, geriet an den Bettelstab, und da der größte Teil der Bürgerschaft selbst verarmt war, so konnte ihr niemand aus der Not helfen. Da klopfte sie eines Morgens, von furchtbarstem Hunger gepeinigt und vor Kälte zitternd, an das Pförtlein des Spitals und bat um ein warmes Milchsüpplein. Sie wolle ja gern, sagte sie, ihr Ein und Alles, nämlich ihre Heide, dafür hingeben. Der Spitalmeister hatte Mitleid mit dem armen Weibe. Er bewirtete sie alsbald mit einer vortrefflichen Milchsuppe und versprach, auch weiterhin für sie zu sorgen. Als die Alte ihre Speise genossen hatte, schlummerte sie ein und erwachte nicht wieder. Das verkommene Heidestück wurde nach und nach durch den Fleiß der Spitalleute und mit Gottes Segen in einen schönen, großen Obstgarten umgewandelt. (Elsass)

26. Der Krämer und die Maus

Vor langen Jahren ging ein armer Krämer durch den Böhmerwald gen Reichenau. Er war müde geworden und setzte sich, ein Stückchen Brot zu verzehren, das Einzige, was er für den Hunger hatte. Während er aß, sah er zu seinen Füßen ein Mäuschen herumkriechen, das sich endlich vor ihn hinsetzte, als erwartete es etwas. Gutmütig warf er ihm einige Bröcklein von seinem Brot hin, so Not es ihm selber tat, die es auch gleich wegnagte. Dann gab er ihm, solange er noch etwas hatte, immer sein kleines Teil, sodass sie ordentlich zusammen Mahlzeit hielten. Nun stand der Krämer auf, einen Trunk Wasser an einer nahen Quelle zu tun. Als er wieder zurückkam, da lag ein Goldstück auf der Erde und eben kam die Maus mit einem zweiten, legte es dazu und lief fort, das dritte zu holen. Der Krämer ging nach und sah, wie sie in ein Loch lief und daraus das Gold hervorbrachte. Da nahm er seinen Stock, öffnete den Boden und fand einen großen Schatz von lauter alten Goldstücken. Er hob ihn heraus und sah sich dann nach dem Mäuslein um, aber das war verschwunden.

Nun trug er voll Freude das Gold nach Reichenau, teilte es halb unter die Armen und ließ von der anderen Hälfte daselbst eine Kirche bauen. Die Geschichte ward zum ewigen Andenken in Stein gehauen und ist noch am heutigen Tage in der Dreieinigkeitskirche zu Reichenau zu sehen.

(Böhmerwald)

27. Die Kinder zu Hameln

Im Jahre 1284 ließ sich zu Hameln ein wunderlicher Mann sehen. Er hatte einen Rock von vielfarbigem, buntem Tuch an. Er soll Bundting geheißen haben. Er gab sich als einen Rattenfänger aus. Er versprach, gegen ein gewisses Geld die Stadt von allen Mäusen und Ratten zu befreien. Die Bürger wurden mit ihm einig und versprachen ihm den Lohn. Der Rattenfänger zog nun ein Pfeifchen heraus und pfiff. Da kamen alsbald die Ratten und Mäuse aus allen Häusern hervorgekrochen und sammelten sich um ihn herum. Er ging aus der Stadt an die Weser und der ganze Haufen folgte ihm nach. Dann trat er ins Wasser und alle Tiere stürzten hinein und ertranken.

Nachdem nun die Bürger von der Plage befreit waren, reute sie der versprochene Lohn und sie weigerten sich, ihm zu zahlen. Der Rattenfänger aber ging zornig und erbittert fort. Nach einiger Zeit, am 26. Juni, auf Johannis und Pauli Tag, erschien er wieder in Gestalt eines Jägers mit einem roten Hut. Er ließ seine Pfeife in den Gassen hören. Da kamen nicht nur Ratten und Mäuse, sondern Kinder vom vierten Jahr an in großer Zahl gelaufen. Darunter war auch die erwachsene Tochter des Bürgermeisters. Alle folgten dem Jäger. Der führte sie in einen Berg, wo er mit ihnen verschwand. Ein Mädchen war im Hemd mitgelaufen und kehrte um, seinen Rock zu holen. Als es zurückkam, waren die andern Kinder schon verschwunden.

(Hameln)

28. Der Binger Mäuseturm

Zu Bingen ragt mitten aus dem Rhein ein hoher Turm, von dem nachstehende Sage umgeht. Im Jahre 974 ward große Teuerung in Deutschland, dass die Menschen aus Not Katzen und Hunde aßen und doch viele Leute Hungers starben. Da war ein Bischof zu Mainz, der hieß Hatto der Andere, ein Geizhals, dachte nur daran, seinen Schatz zu mehren, und sah zu, wie die armen Leute auf der Gasse niederfielen und bei Haufen zu den Brotbänken liefen und das Brot nahmen mit Gewalt. Aber kein Erbarmen kam in den Bischof, sondern er sprach: „Lasset alle Arme und Dürftige sammeln in einer Scheune vor der Stadt; ich will sie speisen!“ Und wie sie in die Scheune gegangen waren, schloss er die Türe zu, steckte ein Feuer an und verbrannte die Scheune samt den armen Leuten, Jung und Alt, Mann und Weib. Als nun die Menschen unter den Flammen wimmerten und jammerten, rief Bischof Hatto: „Hört, hört, wie die Mäuse pfeifen!“ Allein Gott der Herr plagte ihn bald, dass die Mäuse Tag und Nacht über ihn liefen und an ihm fraßen, und er vermochte sich mit aller seiner Gewalt nicht wider sie behalten und bewahren. Da wusste er endlich keinen andern Rat, als er ließ einen Turm bei Bingen mitten in den Rhein bauen, der noch heutigentags zu sehen ist, und meinte sich darin zu fristen; aber die Mäuse schwammen durch den Strom heran, erklommen den Turm und fraßen den Bischof lebendig auf. (Rheinland)

29. Der Esel als Dudelsackpfeifer

Die Frau Gesche von Holten war einstmals die reichste Frau in Hamburg. Zu der kam einmal ein armer Verwandter, um sie um Unterstützung zu bitten. Aber schnöde wies sie ihn ab und als er ihr sagte, dass auch ihr Glück vielleicht nicht ewig dauern würde, antwortete sie ihm: „Eher kann der Esel auf dem Dudelsack pfeifen lernen als ich arm werden."

Später ist sie so arm geworden, dass sie vom Brot aß, das den Hühnern vorgeworfen wurde. Nun schlich sie einmal nach der Gasse. Da begegnete sie einem Possenreißer; der führte einen Esel, der einen Dudelsack spielte. Da dachte sie daran, was sie einmal gesagt hatte, als sie noch reich war. Bald darauf ist sie gestorben. Auf ihr Grab wurde ein Stein gesetzt. Auf diesem war ein Bild von einem Esel, der einen Dudelsack blies. (Hamburg)

30. Klaus Störtebeker

Klaus Störtebeker ist, bevor er Seeräuber geworden, ein Edelmann gewesen. In seinen jungen Jahren hat er lustig gelebt und einst in Hamburg mit andern wilden Gesellen so lange geschmaust, gezecht und gewürfelt, bis er Hab und Gut verprasst hatte. Da haben ihm die Hamburger sein ritterliches Gewand und die Waffen abgenommen und ihn zur Stadt hinausgewiesen. Da ist er Seeräuber geworden.

Das Haupt der Seeräuber aber war Godeke Michels. Der hat Störtebekers Kraft geprüft. Aber der konnte eine eiserne Kette wie Bindgarn zerreißen. So hat ihm Godeke Michels gleich ein Schiff gegeben und den Oberbefehl mit ihm geteilt.

Er wurde nun nicht mehr bei seinem adeligen Namen gerufen, sondern hieß nur Störtebeker, weil er einen vollen Becher auf einmal hinunterstürzen konnte.

Die beiden Hauptleute aber teilten alle Beute mit ihren

Raubgesellen. So nannte man sie Likedeler oder auch Vitalienbrüder. So beraubten sie die reich beladenen Schiffe der Hamburger Kaufleute. Einige Seeräuberschiffe hatten die Hamburger wohl erbeutet, aber Klaus Störtebeker hatten sie nicht fangen können.

Einst lagen die Schiffe der Vitalienbrüder bei Helgoland. Hier lauerten sie auf die Hamburger, die nach England fahren wollten. Als die Hamburger das erfuhren, rüsteten sie eine Flotte aus. Das Hauptschiff hieß „Die Bunte Kuh". Ein junger Seeheld, Simon von Utrecht, befehligte das Schiff. Gegen Abend näherte sich die hamburgische Flotte den Seeräubern.

Die Schiffe gingen vor Anker. Nur ein Blankeneser Schiffer fuhr in seiner Jolle hinüber an das Schiff des Störtebeker. Er war ein alter Bekannter und guter Kamerad der Seeräuber gewesen und wurde deshalb freundlich von ihnen empfangen. Er bat, sein Boot an das Schiff legen zu dürfen, weil das Wasser unruhig sei; er wollte sich Essen kochen. Da es nun Nacht ward und sie meinten, er sei mit dem Essen beschäftigt, schmolz er Blei und lötete ihnen das Steuerruder fest. Unbemerkt entfernte er sich nun und machte den Hamburgern Anzeige.

Am andern Morgen begannen die Hamburger den Kampf. „Die Bunte Kuh" ging brausend durch die wilde See. Sie rannte gleich das erste Schiff der Seeräuber so kräftig an, dass dessen Vorderteil zerbarst. Drei Tage und drei Nächte dauerte der Kampf. Störtebeker und seine Genossen wehrten sich tapfer. Da floh ein Teil der Räuber. Die Hamburger erbeuteten Schiffe mit reicher Ladung an Tuchen, Wachs und Baumwolle. Simon von Utrecht aber nahm den Klaus Störtebeker und mit ihm noch 71 Seeräuber gefangen.

Langsam fuhren die Schiffe die Elbe aufwärts und landeten endlich im Hafen zu Hamburg. Viel Volk war herbeigeeilt; jeder wollte den gefürchteten Störtebeker sehen. Im langen Zuge wurden die gefesselten Räuber durch die Straßen geleitet und in den Kerker gebracht. Klaus Störtebeker saß in einem Keller des alten Rathauses, der „Störtebekers Loch" genannt wurde.

Als ihm das Todesurteil verkündet wurde, wollte er dem Senat für Leben und Freiheit eine goldene Kette geben, so lang, dass sie um die ganze Stadt reichte. Aber der Senat wies dies Anerbieten mit Entrüstung zurück. Schon am nächsten Tag wurden alle Seeräuber hingerichtet.

Vergebens hatten die Hamburger in dem Schiffe Störtebekers nach großen Schätzen gesucht. Da man nichts fand, verkaufte man es endlich an einen Zimmermann, dass er es zerschlug. Als der aber die Säge ansetzte, traf er gleich auf etwas Hartes und bald schimmerte ihm das helle Metall entgegen. Er machte dem Senat Anzeige davon und als man nun die Masten untersuchte, war der eine mit purem Golde, der andere mit Silber und der dritte mit Kupfer angefüllt. So waren auch die übrigen Balken ausgehöhlt. Man belohnte den Zimmermann reichlich und ließ aus dem Golde eine Krone verfertigen. Diese Krone ist später auf den Turm der St.-Katharinen-Kirche gesetzt worden.

(Hamburg)

31. Die schwarze Greet

Zwei arme Fischer, die auf dem Schleswiger Holm wohnten, hatten die ganze Nacht vergeblich gearbeitet und zogen zum letzten Male ihre Netze wieder leer herauf. Als sie nun traurig heimfahren wollten, erschien ihnen die schwarze Greet, in königlicher Pracht mit Perlen und Diamanten geschmückt, aber im schwarzen Gewande. Die sprach zu den Fischern: „Legt eure Netze noch einmal aus. Ihr werdet einen reichen Fang tun. Den besten Fisch aber, den ihr fangt, müsst ihr wieder ins Wasser werfen." Sie versprachen es und taten, wie die Greet gesagt.

Der Fang war so überschwänglich groß, dass ihn der Kahn kaum fassen wollte. Einer der Fische aber hatte Goldmünzen statt der Schuppen, Flossen von Smaragd und auf der Nase Perlen. „Das ist der beste Fisch", sprach der eine und wollte ihn wieder ins Wasser setzen. Aber der andre wehrte ihm und versteckte den Fisch unter den Übrigen, dass die Greet ihn nicht sähe.

Dann ruderte er hastig zu; denn ihm war bange. Ungern folgte ihm sein Gefährte. Aber wie sie so hinfuhren, fingen die Fische im Boote allmählich an zu blinken wie Gold; denn der Goldfisch machte die Übrigen auch golden. Der Nachen ward immer schwerer und versank endlich in die Tiefe, in die er den bösen Gesellen mit hinabzog. Mit Not entkam der andere und erzählte die Geschichte den Holmer Fischern. (Schleswig-Holstein)

32. *Die drei verwünschten Jungfrauen*

Ein Hirtenbub trieb die Schafe auf die Alm, wo ein großer Stein liegt, unter dem ein Schatz vergraben ist. Einmal legte er sich neben diesem Steine nieder und es überfiel ihn der Schlaf. Als er erwachte, sah er, dass es schon Nacht sei und die Schafe nicht da wären. Erschrocken sprang er auf, um die Tiere zu suchen. Da standen drei Jungfrauen vor ihm und trösteten ihn. Eine sprach: „Du brauchst dich um die Schafe nicht zu kümmern; denn sie sind schon gut versorgt.“ Als er sich aber nicht zufrieden geben und weggehen wollte, baten sie ihn zu bleiben und sie zu erlösen, denn sie seien verwünscht. Folgte er ihnen, werde er den Schatz bekommen und ein gar reicher Mann werden.

Der Bub blieb dort. Da sagten sie ihm, er müsse aber, um sie zu erlösen, drei fürchterliche Dinge aushalten. Zuerst werde ein fürchterlicher Drache kommen, der einen langen Schweif nachziehe; er solle dann beileibe nicht zurückschauen. Habe er diese Probe glücklich bestanden, werde ihm vorkommen, als wenn Felsen und Berge über ihn herfallen und ihn erdrücken würden. Da dürfe er keinen Laut hören lassen. Die dritte Probe aber sei so entsetzlich, dass man sie nicht beschreiben könne. Er solle aber mutig aushalten und es werde ihm nichts Übles geschehen. Darauf verschwanden sie.

Er überstand die erste Probe. Als aber Felsen und Berge krachten, schrie er auf – und da hörte er es unter dem Stein klingeln, als ob unendlich viele Taler hinunterrollen. Dabei hörte er die drei Frauen jammern und heulen. (Alpenland)

33. Vineta

Etwa eine Viertelmeile vom Streckelberg, einem Vorgebirge Usedoms, hat vor uralter Zeit eine große, reiche Stadt namens Vineta gelegen. In der Stadt hat alles von Gold und Silber geglänzt. Aber die Leute darin sind gar gottlos gewesen. Sie haben kleine Löcher in den Wänden mit Brot verstopft und ihre Schweine aus goldenen Trögen fressen lassen, und selbst die waren ihnen noch nicht gut genug.

Da beschloss der Herr, die gottlose Stadt untergehen zu lassen, und an einem schönen Sommertage erhob sich plötzlich ein Wetter; die Wellen brachen über die Stadt herein und begruben alles. Nur ein einziger Mann, der fromm war, setzte sich auf sein schnelles Pferd und eilte davon. Die Wogen stürzten hinter ihm her, allein er entkam glücklich nach Coserow und da war er gerettet; sein Pferd aber stürzte auch sogleich tot unter ihm zusammen.

So ist Vineta untergegangen. Aber alljährlich am heiligen Ostermorgen erhebt es sich aus der Flut und tanzt und springt freudig über den Wogen. (Pommern)

34. Der treue Star

Von dem Geschlechte der Markgrafen von Cham-Vohburg geht die Sage, dass einmal ein Fräulein des Hauses im zarten Kindesalter durch die Zigeuner geraubt worden sei. Ein Star, der im Schlosse gehalten wurde, flog den Räubern nach und begleitete sie aller Orten hin auf ihren Kreuz-

und Querzügen. Wenn sie rasteten, ließ auch er auf einem nahen Baum sich nieder und begann die ihm eingelernten Sprüche herzuplappern. Die Räuber besorgten nun, durch den Vogel verraten zu werden, und stellten ihm auf alle mögliche Weise nach. Aber das kluge Tier wusste ihnen immer zu entgehen. Da wurde den Zigeunern ernstlich bange. Sie wollten das Kind nicht länger bei sich haben und setzten es an der Schwelle einer einsamen Herberge im Böhmerwald aus; der Star aber schwang sich auf den Giebel des Hauses und sang da mit heller Stimme.

Die Wirtin, eine arme, gutmütige Frau, nahm sich des Findlings bestens an und fütterte auch getreulich den Star, der sich von der Kleinen durchaus nicht trennen wollte. Wohl dachte sie, wenn sie das feine, zierlich ausgenähte Hemdlein des Kindes beschaute, dass es aus einem vornehmen Haus stammen müsste, aber von dem Raube in der markgräflichen Burg vernahm sie in ihrer Einöde kein Wort und so blieb das Mädchen bei ihr und wuchs heran.

Eines Tages kehrte ein Ritter in der Herberge ein, den ein Gewitter überrascht hatte. Und während der Gast am Tisch bei einem Kruge Wein saß, hüpfte der Star hinterm Ofenbrett hervor, flatterte mit seinen Schwingen, als wollte er gesehen werden, und ließ sodann seine Sprüche und Liedlein vernehmen. Dem Ritter war, als hätte er den Vogel vor langer Zeit schon gesehen und gehört, und er fragte die Wirtin, woher sie das Tier habe. Die erzählte ihm die Geschichte des Mädchens, so viel sie davon wusste, und brachte auch das Hemdlein herbei, welches sie bis zur Stunde sorgfältig aufbewahrt hatte. Der Ritter erkannte an der Stickerei mit freudigem Schrecken das Wappen seines Hauses und verlangte augenblicklich das Mädchen zu sehen. Es wurde von der Wiese hereingerufen, wo es eben Gras mähte, und der Ritter erstaunte über ihre seltene Schönheit. Er nahm sie bei der Hand und streifte hastig mit der linken das Busentüchlein etwas zurück. Da wurde in der Gegend der Schulter ein Muttermal sichtbar in Form einer Kreuzdornblüte. Alsbald fiel der Ritter dem Mädchen um den Hals und rief: „Ich bin der Graf von Vohburg und du bist meine Schwester, die wir so lange beweint haben. Dieses Zeichen gibt dich mir zu erkennen; unsere Mutter hat uns oft genug davon gesagt.“ Wiederum umarmte der Graf die schöne Schwester, als sollte das gar kein Ende nehmen.

Da saß er zu Ross und nahm sie vor sich in den Sattel. Der Star aber erhob ein freudiges Geschrei und flog an ihrer Seite der Heimat zu. Welcher Jubel sich dort erhob, als das verlorene Fräulein seinen Einzug hielt, lässt sich schwer beschreiben. Die Eltern bereiteten ein großes Freudenmahl, zu dem alle Verwandten und Dienstleute des Hauses geladen waren, und der Star spazierte während der Gasterei auf den Tischen herum, als wollte er von allen gelobt werden. (Bayern)

35. Die Wiesenjungfrau

Ein Bube von Auerbach an der Bergstraße hütete seines Vaters Kühe auf der schmalen Talwiese, von der man das alte Schloss sehen kann. Da schlug ihn auf einmal von hintenher eine weiche Hand sanft an den Backen, dass er sich umdrehte, und siehe, eine wunderschöne Jungfrau stand vor ihm, von Kopf bis zu den Füßen weiß gekleidet, und wollte eben den Mund auftun ihn anzureden. Aber der Bub erschrak wie vor dem Teufel selbst und nahm das Reißaus ins Dorf hinein. Weil indessen sein Vater bloß die eine Wiese hatte, musste er die Kühe immer wieder zu derselben Weide treiben, er mochte wollen oder nicht. Es währte lange Zeit und der Junge hatte die Erscheinung bald vergessen, da raschelte etwas in den Blättern an einem schwülen Sommertag und er sah eine kleine Schlange kriechen, die trug eine blaue Blume in ihrem Mund und fing plötzlich zu sprechen an: „Hör, guter Jung, du könntest mich erlösen, wenn du diese Blume nähmest, die ich trage und die ein Schlüssel ist zu meinem Kämmerlein droben im Schloss, da würdest du Geld die Fülle finden.“ Aber der Hirtenbub erschrak, da er sie reden hörte, und lief wieder nach Haus. Und an einem der letzten Herbsttage hütete er wieder auf der Wiese, da zeigte sie sich zum dritten Mal in Gestalt der ersten weißen Jungfrau und gab ihm wieder einen Backenstreich, bat auch flehentlich, er möge sie doch erlösen, wozu sie ihm alle Mittel und Wege angab. All ihr Bitten war für nichts und wieder nichts, denn die Furcht überwältigte den Buben, dass er sich kreuzte und segnete und wollte nichts mit dem Gespenst zu tun haben. Da holte die Jungfrau einen tiefen Seufzer und sprach: „Weh, dass ich mein Vertrauen auf dich gesetzt habe; nun muss ich neuerdings harren und warten, bis auf der Wiese ein Kirschbaum wachsen und aus des Kirschbaums Holz eine Wiege gemacht sein wird. Nur das Kind, das in der Wiege zuerst gewiegt wird, kann mich dereinst erlösen." Darauf verschwand sie und der Bub, heißt es, sei nicht gar alt geworden; woran er gestorben, weiß man nicht.

(Bergstraße)

36. Vergiss das Beste nicht

Ein Knabe Eduard fand einst an einem Pfingsttage beim Schlosse Steinberg im Altvatergebirge eine Blume. Er steckte sie an seinen Hut. Da erblickte er einen Kristallpalast. Auf einem Throne saß eine Jungfrau. Sie lud ihn ein näher zu treten und sie führte ihn in einen unterirdischen Saal. Eduard durfte von allen Schätzen einstecken, so viel er nur konnte. Als er umkehren wollte, rief ihm die Jungfrau zu: „Vergiss das Beste nicht!" Er griff nach einem glänzenden Stein, der ihm besonders gefiel, und ging fort. Noch zweimal hörte er die Mahnung: „Vergiss das Beste nicht!" Da wurde er bange und lief hinaus. Krachend schlug hinter ihm die Tür ins Schloss, sodass er betäubt zu Boden stürzte. Als er erwachte, fühlte er eine Verwundung am Fuß. Jetzt erst merkte er, dass er seinen Hut mit der Wunderblume nicht hatte. Und nun wusste er auch, was das Beste gewesen war. (Schlesien)

37. Die Schlange und das Kind

In Schwandorf bei Nagold gab eine Mutter ihrem Kinde, sooft sie ins Feld musste, einen ganzen Hafen voll Milch und ließ das Kind damit allein im Garten. Da verwunderte sich die Mutter, wenn sie vom Feld heimkam, dass die Milch jedes Mal rein aufgegessen war, wie groß der Hafen auch sein mochte. Das Kind sagte, es käme immer ein Vöglein und esse mit.

So passte die Mutter eines Tages auf und sah, dass eine Schlange aus der Gartenmauer herauskroch und mitaß. Sooft das Kind einen Löffel voll genommen hatte, steckte die Schlange ihren Kopf in den Hafen und trank und so ging das fort, eins ums andere. Dabei wurde die Schlange nicht böse, als das Kind sie mit dem Löffel auf den Kopf schlug und sagte: „Iss et no Ilch, iss au Ickle!“ (Iss nicht nur Milch, iss auch Bröckchen.)

Nach dem Essen legte sich die Schlange dem Kind in den Schoß und spielte mit ihm. Als die Mutter nun sah, dass die Schlange dem Kind nichts zuleide tat, ließ sie sie gewähren und gab ihr auch später, als das Kind schon erwachsen war, noch lange Zeit allein täglich ihre Milch. (Schwarzwald)

38. Vom Eisenberge

Im Waldeckschen erhebt sich ein hoher Berg, darauf stand vorzeiten ein Schloss. Berg und Schloss hießen Eisenberg; denn der Berg ist reich an Eisenerz. Auch Gold lieferte der Eisenberg und lange war dort ein Goldbergwerk. Dort herrschten einst die Grafen von Waldeck. Aber das Schloss verfiel und das Bergwerk ging ein.

Eines Tages hütete ein Schäfer auf dem Berge. In der Mittagsstunde legte er sich unter einen Holunderbaum und als er wieder aufwachte, hatte die Dämmerung schon begonnen. Die Herde lag friedlich um ihn her, aber der

Leithammel fehlte. Der Schäfer hörte ihn kläglich blöken und folgte der Stimme.

Da blitzte klarer Schein aus einem verfallenen Kellergewölbe der alten Burg und drunten im Gewölbe stand der Hammel und neben ihm steht ein großer Kessel voll alter Taler. Der Hirt nicht faul, steigt hinunter, greift zu und stopft sich Tasche und Hut voll Taler. Dann treibt er den Hammel mit einem sanften Stoß wieder hinauf.

Da erhebt sich droben am Eingange in den Keller ein eisgrauer, alter Mann, angetan mit einem langen, weißen Rocke. Der war mit Streifen besetzt, die rot wie Blut waren. Der hebt ein silbernes Horn zum Munde und bläst mit einem gewaltigen Schall, dass die Bäume wie Sturmwind rauschen, das Gewölbe erdröhnt und der Erdboden schüttert. Da vergeht dem Hirten Hören und Sehen. Er wirft alles Geld von sich und stürzt besinnungslos zu des Alten Füßen nieder.

Als er wieder zu sich kommt, ist es heller Tag. Seine Sachen liegen oben neben ihm. Die Herde ist auch da. Kein Stück fehlt. Nur das Geld und das Gewölbe und der Kessel und auch der verfallene Eingang sind verschwunden.

(Hessen)

39. Die glühenden Kohlen

Im Städtchen Lorch am Rhein steht an der Stadtmauer eine Mühle, die vom Wasser der Wisper getrieben wird. Einmal erwachte die Magd sehr früh. Es war ganz hell und sie meinte, sie hätte sich verschlafen. Eilig wollte sie das Feuer auf dem Herd anzünden. Da sah sie auf dem Hof einen Haufen glühender Kohlen. Um das Kohlenfeuer aber lagen einige fremde Männer. Eilig nahm sie eine Schaufel voll und brachte die Glut ins Haus. Als sie die Kohlen auf den Herd schüttete, glühten sie nicht mehr. Wieder holte sie eine Schaufel voll und wieder waren die Kohlen tot. Da rannte sie zum dritten Mal hinaus. Doch da sprach einer der Männer: „Du, höre, dies ist das letzte Mal!“ Die Magd erschrak, sagte aber kein Wort und eilte ins Haus. Und wieder waren die Kohlen erloschen. Da schlug die Turmuhr nachts zwölf und auf dem Hof waren Glut und Männer verschwunden. Da gruselte der Magd und sie kroch tief unter ihre Bettdecke und am Morgen verschlief sie sich. Da trat der Müller als Erster in die Küche. Aber er traute seinen Augen kaum. Auf dem Herd lag ein Haufen glitzernder Goldstücke. Er baute sich davon ein neues Haus und auch die Magd bekam ihren Teil von dem Reichtum.

(Rheinland)

40. Die Gründung des Klosters Wessobrunn

Herr Tassilo bestieg das Ross, ließ das Horn erschallen und zog mit seinem Tross in den Wald, um zu jagen. Schließlich wurde er müde, stieg ab und ruhte mit seinem Knechte Wesso auf weichem Moose unter hohen Bäumen. Ihn dürstete, aber nirgends war ein Trunk Wasser zu finden. Vor Müdigkeit schlummerte er ein und sah im Traum vom Himmel herab sich eine Leiter zur Erde senken. Auf ihr stiegen Engel hernieder, schöpften aus einem Quell und tranken das reine, helle Wasser. Tassilo erwachte, noch von dem wunderbaren Gesicht verwirrt. Plötzlich hörte er es in der Nähe rauschen; aus einem Stein sprudelte das reinste Wasser hervor. Er hieß seinem Knecht Wesso einen Trunk davon bringen und sagte: „Wesso, du bist der Erste, der von dem Quell schöpfte; darum soll er Wessobrunn heißen.“

Der Trank schmeckte ihm, als wäre es der köstlichste Wein. Und an dem Orte gründete er das Kloster, das von dem Quell seinen Namen hat. (Bayern)

41. Der Traum zeigt an

Einst erschien einem Bergmann nachts im Traum ein Engel. Der sagte: „Geh in den dicken Wald zu dem Baume, den ich dir jetzt zeige. Dort wirst du ein Nest mit güldenen Eiern finden.“ Und als der Tag kam, ging der Bergmann in den dicken Wald und fand den Baum. Aber wie er auch in den Zweigen und im Wipfel suchte, das Nest fand er nicht. Da stieg er traurig aus dem Gezweig. Alsbald erschien der Engel wiederum vor ihm und sagte: „Schlag an dem Baum ein, so wirst du das Nest mit den güldenen Eiern wohl treffen.“ Da ist der Bergmann dem Befehl des Engels gefolgt, hat geschürft und hat einen reichen Silbergang entblößt. Da sind von allen Orten und Enden viele Fremde gekommen, das neu von Gott bescherte Glück zu sehen. Da ist die Stadt Annaberg an diesem Ort entstanden. (Sachsen)

42. Das Hufeisen an der Kirchentür

In alter Zeit hat sich einmal ein Ritter im Böhmerwald verirrt. In der höchsten Not tat er das Gelübde, eine Kapelle zu Ehren der Gottesmutter Maria zu erbauen, wenn er Rettung fände. Bald fand sich der Ritter wirklich zurecht. Wie er nun darüber nachsann, wohin seine Kapelle sollte, verlor sein Ross plötzlich ein Eisen und war nicht mehr von der Stelle zu bringen. Da glaubte der Ritter, das sei ein Zeichen des Himmels, und nahm sich vor, an dieser Stelle das Gotteshaus zu erbauen. Da konnte er auch ungehindert seine Reise wieder fortsetzen. Als dann die Kapelle fertig gebaut war, ließ der Ritter das Hufeisen, das sein Pferd damals an der Stelle verloren hatte, an die Kapellentüre nageln. Später hat man da eine größere Wallfahrtskirche errichtet, das Hufeisen kam aber auch wieder an die Türe und ist heute noch da zu sehen.

(Böhmerwald)

43. Der Spielmann in der Wolfsgrube

In dem großen Walde bei Königshain sind vor alten Zeiten viele Wölfe gewesen. Sie haben den Leuten Ziegen und Hunde weggenommen. Im Winter waren sie haufenweis beisammen und machten ein großes Geheul. So legten die Leute Wolfsgruben an. In einer kleinen Grube hatte sich mal ein Wolf gefangen. Ein Musikant, der von Hillersdorf nach Königshain ging, verirrte sich und fiel in die Grube, wo der Wolf lag. Da wollte der Wolf den Musikanten anpacken und stieß dabei an die Geige. Als sie erklang, sprang er zurück. Da dachte der Spielmann: „Ist es so?", und fing an zu geigen. So fürchtete sich der Wolf. Der Spielmann aber musste die ganze Nacht bis in den Morgen spielen und dabei musste er aus der Grube steigen. Er ging nach Hause und meldete, was er erlebt hatte. Da gingen die Leute hinaus mit Spießen und Stangen, den Wolf zu töten. Eines Bauern Tochter ging, um sich das anzusehen, ein wenig zu nah an die Grube und fiel hinein. Da griff der Wolf gleich zu und biss ihr ein Ohr ab. Da mussten die Männer gewaltig zuschlagen, damit sie das Mädchen retteten. (Schlesien)

44. Der treue Eckart

Durch die Stadt Schwarza zog einst Frau Holle mit ihrem wütenden Heer. Der treue Eckart aber ging voran und warnte die Leute, sie möchten aus dem Wege gehen. Als nun der Schwarm durch den Ort gebraust war, kamen zwei Knaben. Sie trugen Krüge voll Bier, das sie geholt hatten. Der treue Eckart ließ sie an die Seite treten. Die wilden Jäger aber, die Durst hatten, sahen sie, nahmen ihnen die Krüge fort und tranken das Bier aus. Die Knaben waren traurig; denn sie fürchteten daheim Schläge, wenn sie kein Bier brächten. Doch hatten sie kein Geld, wieder etwas zu kaufen. Der treue Eckart aber sagte: „Seid nur getrost, ihr Jungen! Es war gut, dass ihr das Bier freiwillig gegeben habt. Geht nur nach Hause mit euren Krügen. Sagt aber in den nächsten drei Tagen nichts von dem, was euch heute Abend begegnet ist!“

Wie nun die Knaben heimkamen, waren die Krüge voll und schwer. Es war ein so gutes Bier darin, wie man es noch nie getrunken hatte. Die Krüge wurden nie leer. Als aber die Knaben ihr Erlebnis erzählten, war es aus damit.

(Thüringen)

45. Die garstige Katz

In der Blendwiese bei Judenbach stand eine Mühle, von welcher jetzt nur noch der Damm des Teiches übrig ist. Eines Abends kommt ein Bärenführer vorbei und bittet für sich und seinen Bären um Nachtquartier. Der Müller spricht: „Hab nichts dagegen, nur binde den Bären in den leeren Ochsenstand.“ Der Bärenführer sagt: „Schon gut! Hat nichts zu sagen! Er hat einen strammen Ring in der Nase. Wird Euch keinen Streich spielen.“ Darauf der Müller: „Doch meinem Knappen könnt ’s übel geraten. Der besorgt mir nachts die Mühle und ich weiß nicht, frag auch nicht, woher er kommt und wohin er geht. Er ist klein wie ein Zwerg, aber stark wie ein Riese, sonst aber freundlich und gut.“ „Es hat ja keine Gefahr“, beruhigt der Bärenführer. „Der Bär wird keinem wehtun, der ihm nicht zu nahe tritt.“

Des andern Morgens ist der Mann mit seinem Tier zeitig hinweg; der Knappe aber kommt zum Müller und sagt: „Was ist das für eine Katz heut Nacht im Stall? Die kratzte mich gar sehr.“ „Es war ein Bär“, sagte der erstaunte Müller. Aber der Kleine erwiderte: „Eine garstige, garstige Katz war ’s, die kratzte mich gar sehr. Drum bleib ich bei Euch nimmermehr!“ Rief ’s und fuhr zur Ecke hinaus und den Kodesgrund hinauf und Mühle und Müller sahen ihn nicht wieder.

(Thüringen)

46. *Die Saat im Schnee*

Es war in den Franzosenkriegen. Die Fluren lagen im Schnee, die Scheunen und Ställe waren leer und die Herzen voller Angst vor dem streifenden Kriegsvolk.

Eines Abends saßen die Bauern von Jesau mit ernsten Gesichtern beisammen und ratschlagten, was zu tun sei. Ein Durchmarsch der Franzosen stand bevor, und was man von andern Dörfern hörte, vergrößerte die Sorgen. Von überall hieß es: „Sie durchstöbern alle Verstecke und lassen den Bauern nicht einmal das Saatgut." So sannen sie beim flackernden Kienspanlichte hin und her, bald laut und bald stumm. Da sprach ein alter Bauer: „Ich fahre morgen früh den Hafer aufs Feld und säe in den Schnee." Die anderen schüttelten die Köpfe: „Tritt Tauwetter ein, dann quellen die Körner auf. Kommt draus ein Frost, so ist der Samen hin." Der Alte aber sagte: „Freilich wohl! Wenn ihn die Franzosen nehmen, ist er auch weg. Drum vertraue ich lieber der Güte Gottes."

Am nächsten Morgen stand der alte Bauer auf dem Felde und begann in Gottes Namen mit der Aussaat. Er schritt bedächtig den Acker hin und her und warf mit kältesteifen Fingern den Samen in den knöchelhohen Schnee. Als die Nachbarn es sahen, entschlossen sie sich zu Gleichem. Sie zerrten die Säcke aus den Verstecken und säten auch ihren Hafer in den Schnee. Tags darauf kamen die Franzosen wirklich, durchsuchten alles und schleppten fort, was sie fanden.

Der Herrgott aber hatte ein Einsehen. Auf die Schneeschmelze folgten warme, frostfreie Tage, die Felder trockneten schnell und die Jesauer konnten nun den in den Schnee gestreuten Hafer glücklich einackern, während in den Nachbardörfern die Haferfelder brach liegen bleiben mussten.

(Böhmerwald)

47. Die Glocke im Schweriner Dom

Die grüne Glocke im Schweriner Dom ist das Geschenk zweier Fischer. Sie landeten einst an dem anderen Ende des großen Sees, um ihre Netze zu untersuchen, da sie nichts gefangen hatten. Dort standen zwei seltsam gekleidete Knaben am Ufer und baten die Fischer sie mitzunehmen. Die Schiffer willigten gerne ein. Als sie sich aber auf der Mitte des Sees nach ihren Passagieren umsahen, waren diese verschwunden und an ihrer Stelle standen zwei Kisten. Die kleine davon war mit Gold gefüllt, in der anderen war eine schöne Glocke. Das Geld teilten sie sich, die Glocke aber schenkten sie an den Dom, welchem sie jetzt noch wegen ihres Wohlklangs eine Zierde ist. (Mecklenburg)

48. Das Wurstmännchen

Im Dreißigjährigen Krieg hatte sich ein schwedischer General mit seiner Heeresabteilung vor Geiselwind gelagert, das damals hohe und starke Mauern und hinter diesen Mauern eine tapfere Bürgerschaft hatte. Dreimal ließ der General zur Übergabe auffordern. Die Bürger zauderten. Da rückten die feindlichen Haufen näher heran und machten Anstalten die Mauern zu erstürmen. Schon fielen draußen donnernde Schüsse, als die Vertreter der Bürgerschaft vom Rathaus kamen, wo sie beschlossen hatten, durch Abgesandte den feindlichen General nochmals um Gnade zu bitten. Sie gingen hinaus mit der weißen Fahne in der Hand. Das Belagerungsgeschütz schwieg und der General empfing sie in seinem Zelt, wo er eben im Begriff war, eine Wurst zu verzehren. Er hörte die Bürger an, wollte aber nichts von Bedingungen wissen; unbedingte Übergabe war es, worauf er bestand. Da riefen die Bürger aus: „Nun, so wolle uns Gott helfen, dass Ihr nicht in unsere Mauern kommt!“ „So wahr ich diese Wurst in meinen Händen halte, komme ich hinein“, entgegnete der General.

Aber in demselben Augenblick sprang eine große Katze auf des Generals Schulter, schnappte ihm die Wurst aus der Hand und lief davon. Die Gesandten erzählten zu Haus diesen Vorfall und ihre Erzählung ermutigte die Bürger. Tapfer kämpfend schlugen sie den Feind mehrmals ab. Die Schweden zogen sich zurück und Geiselwind blieb unerobert. Zum Andenken ließ die erfreute Bürgerschaft die merkwürdige Begebenheit in Stein nachbilden. Auf dem Denkmal ist der General mit einer großen Wurst in der linken Hand und einer nach der Wurst krallenden Katze auf der rechten Schulter dargestellt. Es ist etwa einen Meter hoch und noch heute als Wahrzeichen von Geiselwind in der Hauptstraße auf einer Gartenmauer zu sehen.

(Franken)

49. Wie drei warme Quellen entstanden

Ein junger Mann kam auf einer Schwarzwaldwanderung auch zum Mummelsee. Am Ufer sah er ein Seeweible, das bald zu ihm hinkam. Von ihrer Schönheit bezaubert, blieb er mehrere Stunden bei ihr. Bei seinem Abschied gab sie ihm drei scheinbar wertlose Steine, die sie vom Grunde des Sees heraufgeholt hatte. Er nahm sie zu sich, warf sie aber später nach und nach gleichgültig weg. Überall nun, wo einer dieser Steine hinfiel, sprudelte eine warme Quelle hervor, und zwar die erste an der Stelle des Erlenbades, die zweite in Hub und die dritte in Baden-Baden. (Baden)

50. Wie die erste Kohlengrube entstand

Ein Junge hütete die Schweine seines Vaters in der Gegend zwischen Hattingen und Langenberg und wollte sich ein Feuer machen. Er suchte eine passende Stelle und sah, wie ein Mutterschwein, „Mutte“ genannt, am Fuße eines Baumes ein Loch gewühlt hatte. Diesen Platz wählte er als Feuerstelle. Er trieb die Sau fort und zündete das zusammengetragene Holz an. Nur selten brauchte er neues Holz aufzulegen und am Abend war das Feuer noch nicht erloschen.

Am anderen Tage kam er wieder an dieselbe Stelle. Da sah er zu seiner Verwunderung noch eine große Glut, obwohl kein glühendes Holz da war. Es brannte eine schwarze Erde. Diese Entdeckung erzählte er zu Hause. Sein Vater untersuchte die schwarze Erde und brannte von nun an Steinkohlen. Das Bergwerk aber erhielt den Namen „Ob der Mutte".

(Westfalen)

Erklärungen

Alm: Bergwiese
Altvatergebirge: Gebirge in Schlesien
Dudelsack: altes Blasinstrument, Sackpfeife
Fehljahre: Jahre mit schlechten Ernten
Häscher: Verfolger, Gerichtsdiener
Hochgericht: Galgenstätte
Hollen: Erdgeister, Zwerge
Jesau: Ort im Böhmerwald
Judenbach: Ort in Thüringen
Kanal: Ärmelkanal, Meeresstraße zwischen England und Frankreich
Kienspan: Span aus Kiefernholz für die Beleuchtung
Kimmung: Horizont
Leithammel: Schaf, dem die Herde folgt
Neidlingen: Ort in Schwaben
Possenreißer: Spaßmacher
Reichenau: Ort im Böhmerwald
Schleswiger Holm: Fischersiedlung der Stadt Schleswig
Schwarza: Stadt in Thüringen
Smaragd: grüner Edelstein
Spital: Krankenhaus, Altersheim
Tross: Gefolge
Wacke: Stein, Gestein
Waldeck: Stadt und Kreis in Hessen
Zelter: Auf Passgang abgerichtetes Pferd

Schrifttumsnachweis

Die angegebenen Nummern beziehen sich auf die hier vorliegende Sammlung.

Die Sagen wurden folgenden Werken entnommen:

Ludwig Bechstein, Deutsches Sagenbuch, Ausgabe 1930 ...... 23, 39, 44
Otto Beneke, Hamburgische Geschichten und Sagen 30
Fritz Bolle, Am Marbach und Ölbach, 1923 50
Fritz Bouchholz, Elsässische Stammeskunde, 1944 25
Ludwig Frahm, Norddeutsche Sagen, 1890 47
Helge Gerndt, Fliegender Holländer und Klabautermann, 1971 8
Brüder Grimm, Die deutschen Sagen 10, 12, 13, 26, 27, 28, 35
Inselbuch Nr. 146 (ohne Verfasserangabe, o. J.) 9
Gustav Jungbauer, Böhmerwald-Sagen, 1924 46
J. L. Klarmann und K. Spiegel, Sagen und Skizzen aus dem Steigerwald 48
Krambeer, Mecklenburgische Sagen 17
A. Kuhn und W. Schwartz, Norddeutsche Sagen, 1848 33
Johannes Künzig, Schwarzwald-Sagen, 1930 49
Friedrich Lüers, Bayrische Stammeskunde, o. J. 34, 40, 42
Lutz Mackensen, Hanseatische Sagen, 1928 .... 11, 29
Neuausgabe von Otto Mensing, 1921 .... 1, 2, 18, 19, 20, 30, 31
Gustav Neckel, Deutsche Sagen, II. Bd. 1935 32
Will-Erich Peuckert, Schlesische Sagen, 1924 .... 36, 43
Paul Quensel, Thüringer Sagen, 1926 45
Friedrich Heinz Schmidt-Ebhausen, Schwäbische Volkssagen, 1966 .... 4, 15, 22, 37
Friedrich Sieber, Sächsische Sagen, 1926 41
Friedrich Sieber, Harzland-Sagen, 1928 3
Paul Zaunert, Deutsche Natursagen, 1921 6
Paul Zaunert, Rheinland-Sagen, 1924 .... 21, 24
Paul Zaunert, Westfälische Sagen, 1927 .... 7, 14, 38
Paul Zaunert, Hessen-Nassauische Sagen, 1929 .... 5, 16

Inhaltsverzeichnis